Hans Magnus Enzensberger

Dreiunddreißig Gedichte

Philipp Reclam jun. Stuttgart

Universal-Bibliothek Nr. 7674

Herstellung: Reclam, Ditzingen. Printed in Germany 1988
ISBN 3-15-007674-9

Utopia

Der Tag steigt auf mit großer Kraft
schlägt durch die Wolken seine Klauen.
Der Milchmann trommelt auf seinen Kannen
Sonaten: himmelan steigen die Bräutigame
auf Rolltreppen: wild mit großer Kraft
werden schwarze und weiße Hüte geschwenkt.
Die Bienen streiken. Durch die Wolken
radschlagen die Prokuristen,
aus den Dachluken zwitschern Päpste.
Ergriffenheit herrscht und Spott
und Jubel. Segelschiffe
werden aus Bilanzen gefaltet.
Der Kanzler schussert mit einem Strolch
um den Geheimfonds. Die Liebe
wird polizeilich gestattet,
ausgerufen wird eine Amnestie
für die Sager der Wahrheit.
Die Bäcker schenken Semmeln
den Musikanten. Die Schmiede
beschlagen mit eisernen Kreuzen
die Esel. Wie eine Meuterei
bricht das Glück, wie ein Löwe aus.
Die Wucherer, mit Apfelblüten
und mit Radieschen beworfen,
versteinern. Zu Kies geschlagen,
zieren sie Wasserspiele und Gärten.
Überall steigen Ballone auf,
die Lustflotte steht unter Dampf:
Steigt ein, ihr Milchmänner,
Bräutigame und Strolche!
Macht los! Mit großer Kraft
steigt auf
der Tag.

Geburtsanzeige

Wenn dieses Bündel auf die Welt geworfen wird
die Windeln sind noch nicht einmal gesäumt
der Pfarrer nimmt das Trinkgeld eh ers tauft
doch seine Träume sind längst ausgeträumt
es ist verraten und verkauft

wenn es die Zange noch am Schädel packt
verzehrt der Arzt bereits das Huhn das es bezahlt
der Händler zieht die Tratte und es trieft
von Tinte und von Blut der Stempel prahlt
es ist verzettelt und verbrieft

wenn es im süßlichen Gestank der Klinik plärrt
beziffern die Strategen schon den Tag
der Musterung des Mords der Scharlatan
drückt seinen Daumen unter den Vertrag
es ist versichert und vertan

noch wiegt es wenig häßlich rot und zart
wieviel es netto abwirft welcher Richtsatz gilt
was man es lehrt und was man ihm verbirgt
die Zukunft ist vergriffen und gedrillt
es ist verworfen und verwirkt

wenn es mit krummer Hand die Luft noch fremd begreift
steht fest was es bezahlt für Milch und Telefon
der Gastarif wenn es im grauen Bett erstickt
und für das Weib das es dann wäscht der Lohn
es ist verbucht verhängt verstrickt

wenn nicht das Bündel das da jault und greint
die Grube überhäuft den Groll vertreibt
was wir ihm zugerichtet kalt zerrauft
mit unerhörter Schrift die schiere Zeit beschreibt
ist es verraten und verkauft.

Ratschlag auf höchster Ebene

Makers of History! Schüttere Wölfe,
geschminkte Keiler, Kastraten
mit Herzklaps, Affensaft
in der welken Milz, eine Hutzel
zwischen den Beinen:

schlaflos über dem Golfstrom,
von schönen Klippern geschleudert
durch Wolkenlagunen; doch tut
keine Windsbraut euch auf
ihr wildes Herz, ihren weißen Leib:

immer dieselbe Vettel, History,
häßliche Hostess, besteigt
eure sauren Betten, melkt
aus euch ihre trübe Lust.

Steigt aus! Ohne Fallschirm!
Sterbt! Kein Weib weint
hinter euch eine Träne:
selbst die Vettel vergißt euch.

Bildzeitung

Du wirst reich sein
Markenstecher Uhrenkleber:
wenn der Mittelstürmer will
wird um eine Mark geköpft
ein ganzes Heer beschmutzter Prinzen
Turandots Mitgift unfehlbarer Tip
Tischlein deck dich:
du wirst reich sein.

Manitypistin Stenoküre
du wirst schön sein:
wenn der Produzent will
wird dich Druckerschwärze salben
zwischen Schenkeln grober Raster
mißgewählter Wechselbalg
Eselin streck dich:
du wirst schön sein.

Sozialvieh Stimmenpartner
du wirst stark sein:
wenn der Präsident will
Boxhandschuh am Innenlenker
Blitzlicht auf das Henkerlächeln
gib doch Zunder gib doch Gas
Knüppel aus dem Sack:
du wirst stark sein.

Auch du auch du auch du
wirst langsam eingehn
an Lohnstreifen und Lügen
reich, stark erniedrigt
durch Musterungen und Malz-
kaffee, schön besudelt mit Straf-
zetteln, Schweiß,

atomarem Dreck:
deine Lungen ein gelbes Riff
aus Nikotin und Verleumdung
Möge die Erde dir leicht sein
wie das Leichentuch
aus Rotation und Betrug
das du dir täglich kaufst
in das du dich täglich wickelst.

Konjunktur

Ihr glaubt zu essen
aber das ist kein Fleisch
womit sie euch füttern
das ist Köder, das schmeckt süß.
(Vielleicht vergessen die Angler
die Schnur, vielleicht
haben sie ein Gelübde getan,
in Zukunft zu fasten?)

Der Haken schmeckt nicht nach Biscuit
er schmeckt nach Blut
er reißt euch aus der lauen Brühe:
wie kalt ist die Luft an der Beresina!
Ihr werdet euch wälzen
auf einem fremden Sand
einem fremden Eis:
Grönland, Nevada, fest-
krallen sich eure Glieder
im Fell der Nubischen Wüste.

Sorgt euch nicht! Gutes Gedächtnis
ziert die Angler, alte Erfahrung.
Sie tragen zu euch die Liebe
des Metzgers zu seiner Sau.

Sie sitzen geduldig am Rhein
am Potomac, an der Beresina,
an den Flüssen der Welt.
Sie weiden euch. Sie warten.

Ihr schlagt euch das Gebiß in die Hälse.
Euch vor dem Hunger fürchtend
kämpft ihr um den tödlichen Köder.

Landessprache

Ostendebat namque varium iracundum iniustum inconstantem, eundem exorabilem clementem misericordem, gloriosum excelsum humilem, ferocem fugacemque et omnia pariter.
Plinius, Hist. nat. XXXV, XXXVI.

Was habe ich hier verloren,
in diesem Land,
dahin mich gebracht haben meine Älteren
durch Arglosigkeit?
Eingeboren, doch ungetrost,
abwesend bin ich hier,
ansässig im gemütlichen Elend,
in der netten, zufriedenen Grube.

Was habe ich hier? und was habe ich hier zu suchen,
in dieser Schlachtschüssel, diesem Schlaraffenland,
wo es aufwärts geht, aber nicht vorwärts,
wo der Überdruß ins bestickte Hungertuch beißt,
wo in den Delikateßgeschäften die Armut, kreidebleich,
mit erstickter Stimme aus dem Schlagrahm röchelt und ruft:
es geht aufwärts!
wo eine Gewinnspanne weit von den armen Reichen die reichen Armen
vor Begeisterung ihre Kinostühle zerschmettern,
da geht es aufwärts von Fall zu Fall,
wo die Zahlungsbilanz Hosianna und alles was recht ist singt
und ruft: das ist nicht genug,
daß da die Freizeit spurt und Gas gibt und hinhaut,
das ist das kleinere Übel, das ist nur die Hälfte,
das macht nichts, das ist nicht genug,
daß die Tarifpartner durch die Straßen irren
und mit geballten Fäusten frohlocken
und singen und sagen:
hier geht es aufwärts,

hier ist gut sein,
wo es rückwärts aufwärts geht,
hier schießt der leitende Herr den leitenden Herrn mit
dem Gesangbuch ab,
hier führen die Leichtbeschädigten mit den Schwer-
beschädigten Krieg,
hier heißt es unerbittlich nett zueinander sein,

und das ist das kleinere Übel,
das wundert mich nicht,
das nehmen die Käufer in Kauf,
hier, wo eine Hand die andere kauft,
Hand aufs Herz, hier sind wir zuhaus,

hier laßt uns Hütten bauen,
auf diesem arischen Schrotthaufen,
auf diesem krächzenden Parkplatz,
wo aus den Ruinen Ruinen sprossen,
nagelneu, Ruinen auf Vorrat, auf Raten,
auf Abruf, auf Widerruf:

Hiersein ist herrlich,
wo dem verbrauchten Verbraucher,
und das ist das kleinere Übel,
die Haare ausfallen,
wo er sein erfolgreiches Haupt verhüllt
mit Wellpappe und Cellophan,
wo er abwesend aus der Grube ruft:
hier laßt uns Hütten bauen,

in dieser Mördergrube,
wo der Kalender sich selber abreißt vor Ohnmacht und Hast,
wo die Vergangenheit in den Müllschluckern schwelt
und die Zukunft mit falschen Zähnen knirscht,
das kommt davon, daß es aufwärts geht,
da tun wir Fleckenwasser drauf,
das ist hier so üblich, das wundert mich nicht,

goldrichtig liegen wir hier,
wo das Positive zum Höchstkurs notiert,
die Handelskammern decken sich damit ein
und bahren es auf unter Panzerglas,

wo wir uns finden wohl unter Blinden,
in den Schau-, Kauf- und Zeughäusern,
und das ist nicht alles, das ist nur die Hälfte,
das ist die tiefgefrorene Wildnis,
das ist die erfolgreiche Raserei, das tanzt
im notdürftigen Nerz, auf zerbrochenen Knien,
im ewigen Frühling der Amnesie,

das ist ein anderes Land als andere Länder,
das reut mich, und daß es mich reut,
das ist das kleinere Übel, denn das ist wahr,
was seine Opfer, ganz gewöhnliche tote Leute,
aus der Erde rufen, etwas Laut- und Erfolgloses,
das an das schalldichte Pflaster dringt
von unten, und es beschlägt, daß es dunkel wird,
fleckig, naß, bis eine Lache,
eine ganz gewöhnliche Lache es überschwemmt,

und den Butzemann überschwemmt,
das Löweneckerchen, das Allerleirauh,
und die schöne Rapunzel, die sind nicht mehr hier,
und es gibt keine Städte mehr, und keine Fische,
die sind erstickt in dieser Lache,

wie meine Brüder, die tadel- und hilflosen Pendler,
wie sie mich reuen, die frommen Gerichtsvollzieher,
die Gasmänner, wie sie waten zuhauf,
mit ihren Plombierzangen, wie sie stapfen,
in ihren abwesenden Stiefeln, durchs Bodenlose,
die Gloriole vorschriftsmäßig tief im Genick:

ja wären's Leute wie andere Leute,
wär es ein ganz gewöhnliches, ein andres
als dieses Nacht- und Nebelland,
von Abwesenden überfüllt,

die wer sie sind nicht wissen noch wissen wollen,
die in dieses Land geraten sind
auf der Flucht vor diesem Land
und werden flüchtig sein bis zur Grube:

wärs anders, wär ihm zu helfen,
wäre Rat und Genugtuung hier,
wär es nicht dieses brache, mundtote Feindesland!

Was habe ich hier verloren, was suche ich
und stochre in diesem unzuständigen Knäuel
von Nahkampfspangen, Genußscheinen,
Gamsbärten, Schlußverkäufen, und finde nichts
als chronische, chronologisch geordnete Turnhallen
und Sachbearbeiter für die Menschlichkeit
in den Kasernen für die Kasernen für die Kasernen:

Was soll ich hier? und was soll ich sagen?
in welcher Sprache? und wem?
Da tut mir die Wahl weh wie ein Messerstich,
das reut mich, das ist das kleinere Übel,
das schreit und so weiter
mit kleinen Schreien zum Himmel
und gibt sich für größer aus als es ist,
aber es ist nicht ganz,
es ist nur die himmelschreiende Hälfte,
es ist noch nicht genug:

denn dieses Land, vor Hunger rasend,
zerrauft sich sorgfältig mit eigenen Händen,
dieses Land ist von sich selber geschieden,
ein aufgetrenntes, inwendig geschiedenes Herz,

unsinnig tickend, eine Bombe aus Fleisch,
eine nasse, abwesende Wunde:

Deutschland, mein Land, unheilig Herz der Völker,
ziemlich verrufen, von Fall zu Fall,
unter allen gewöhnlichen Leuten:

Meine zwei Länder und ich, wir sind geschiedene Leute,
und doch bin ich inständig hier,
in Asche und Sack, und frage mich:
was habe ich hier verloren?

Das habe ich hier verloren,
was auf meiner Zunge schwebt,
etwas andres, das Ganze,
das furchtlos scherzt mit der ganzen Welt
und nicht in dieser Lache ertrinkt,

verloren an dieses fremde, geschiedne Geröchel,
das gepreßte Geröchel im *Neuen Deutschland*,
das Frankfurter Allgemeine Geröchel
(und das ist das kleinere Übel),
ein mundtotes Würgen, das nichts von sich weiß,
von dem ich nichts wissen will, Musterland,
Mördergrube, in die ich herzlich geworfen bin
bei halbwegs lebendigem Leib,
da bleibe ich jetzt,
ich hadere aber ich weiche nicht,
da bleibe ich eine Zeitlang,
bis ich von hinnen fahre zu den anderen Leuten,
und ruhe aus, in einem ganz gewöhnlichen Land,
hier nicht,
nicht hier.

Blindlings

Siegreich sein
wird die Sache der Sehenden
Die Einäugigen
haben sie in die Hand genommen
die Macht ergriffen
und den Blinden zum König gemacht

An der abgeriegelten Grenze stehn
blindekuhspielende Polizisten
Zuweilen erhaschen sie einen Augenarzt
nach dem gefahndet wird
wegen staatsgefährdender Umtriebe

Sämtliche leitende Herren tragen
ein schwarzes Pflästerchen
über dem rechten Aug
Auf den Fundämtern schimmeln
abgeliefert von Blindenhunden
herrenlose Lupen und Brillen

Strebsame junge Astronomen
lassen sich Glasaugen einsetzen
Weitblickende Eltern
unterrichten ihre Kinder beizeiten
in der fortschrittlichen Kunst des Schielens

Der Feind schwärzt Borwasser ein
für die Bindehaut seiner Agenten
Anständige Bürger aber trauen
mit Rücksicht auf die Verhältnisse
ihren Augen nicht
streuen sich Pfeffer und Salz ins Gesicht
betasten weinend die Sehenswürdigkeiten
und erlernen die Blindenschrift
Der König soll kürzlich erklärt haben
er blicke voll Zuversicht in die Zukunft

Isotop

Reffen wir ruhig die Regenschirme!
Die nächste Sintflut wird seicht sein.
Das alte Verfahren, Majore und Kühe
auf Hochspannungsmasten, der allgemeine
Andrang zum Ararat, zu den Alpenvereinen,
das Inlett plötzlich geplatzt, Panik
unter den Klempnern und pampige Tauben
mit oder ohne Ölzweig, das alles
hat sich nicht recht bewährt: immer
dieselben Gerechten entstiegen der Arche
und begaben, den Wasserleichen zum Hohn,
Wandelanleihen und Päpste al pari.

Heute sind im Ural und in Arizona
Nobelpreisträger in Rudeln dabei,
den Wirkungsgrad zu verbessern,
um die Knöchel der Damen zu schonen.
Zuversicht herrscht in den Labors,
aus den Türritzen dringt ein Tau,
ein Ausschlag, feucht und human,
bomben-, tod- und betriebssicher, fett,
ein heiserer hauchdünner Schweiß.

Vorbei ist die Zeit der Versuche,
aus den Poren der Welt kriecht längst
eine dürre Flut, und wir ersaufen,
diszipliniert vor den Fahrkartenschaltern
kniend in Kuckucksuhren und Jod.

An alle Fernsprechteilnehmer

Etwas, das keine Farbe hat, etwas,
das nach nichts riecht, etwas Zähes,
trieft aus den Verstärkerämtern,
setzt sich fest in die Nähte der Zeit
und der Schuhe, etwas Gedunsenes,
kommt aus den Kokereien, bläht
wie eine fahle Brise die Dividenden
und die blutigen Segel der Hospitäler,
mischt sich klebrig in das Getuschel
um Professuren und Primgelder, rinnt,
etwas Zähes, davon der Salm stirbt,
in die Flüsse, und sickert, farblos,
und tötet den Butt auf den Bänken.

Die Minderzahl hat die Mehrheit,
die Toten sind überstimmt.

In den Staatsdruckereien
rüstet das tückische Blei auf,
die Ministerien mauscheln, nach Phlox
und erloschenen Resolutionen riecht
der August. Das Plenum ist leer.
An den Himmel darüber schreibt
die Radarspinne ihr zähes Netz.

Die Tanker auf ihren Helligen
wissen es schon, eh der Lotse kommt,
und der Embryo weiß es dunkel
in seinem warmen, zuckenden Sarg:

Es ist etwas in der Luft, klebrig
und zäh, etwas, das keine Farbe hat
(nur die jungen Aktien spüren es nicht):
Gegen uns geht es, gegen den Seestern

und das Getreide. Und wir essen davon
und verleiben uns ein etwas Zähes,
und schlafen im blühenden Boom,
im Fünfjahresplan, arglos
schlafend im brennenden Hemd,
wie Geiseln umzingelt von einem zähen,
farblosen, einem gedunsenen Schlund.

Die Scheintoten

Die Scheintoten warten vor den Kartellämtern,
sie warten, ohnmächtig, aus beiden Lungen rauchend,
vor den Eichämtern und vor den Arbeitsämtern.
Ihr bleicher farbloser Jubel weht
wie eine riesige Zeitung im Wind
gegen die vielen vergitterten Schalter.

Wie sie mit ihren Genicken nicken! Wie
sind sie tüchtig und aufgeräumt! Wie flink
gehn ihnen von der Hand Lochkarten,
Beichtzettel und Schecks! In den Aktentaschen
tragen sie ihr abrasiertes Haar,
und in seinen zwei Strümpfen
hat jeder von ihnen zehn Zehen gespart.

Und dabei essen sie noch und schneiden
mit ihren zehn Scheintotenfingern Fleisch
vom Gebein toter Tiere, und nachts,
um zu stillen, was zwischen ihren Beinen
trauert und schreit, vermehren sie sich,
wenn die Schalter geschlossen sind,
und zeugen scheintote Zeugen,

und melden sie morgens, rauchend
aus den ohnmächtigen Mündern, an
bei den Meldeämtern,
damit man sie nicht begräbt.

Wer aber gibt ihnen Küsse und Äpfel?
Wer weckt sie denn, wer gibt ihnen allerdings
Immortellen, wer schaufelt von ihrer Brust
diese Gebirge von Qualm, wer wickelt sie
aus den Zeitungen, salzt ihre essenden Münder
mit Mut, wer kämmt die Asche aus ihrem Haar,

wer wäscht die Furcht aus ihren beiden farblosen Augen,
wer schenkt, löst, zaubert, salbt und weckt
die Scheintoten von den Toten auf,
und wer spricht sie frei?

Vor den Bankschaltern warten, beschneit
von Zeitungen und von Wahlscheinen, warten
unter dem Himmel, der sich, wie ein Vorstadtkino,
zuweilen erhellt und zuweilen verdunkelt,
wie zwischen Hauptfilm und Wochenschau,
zwischen Walstatt und Schauhaus,
vor den Sterbeämtern warten, warten
die Scheintoten auf ihre Totenscheine,
rauchen aus tüchtigen farblosen Lungen,
waten im trüben eigenen Jubel,
und warten, verschieden, auf ihr Verscheiden.

Schaum

No le bastó después a este elemento
conducir orcas, alistar ballenas,
murarse de montañas espumosas,
infamar blanqueando sus arenas
con tantas del primer atrevimiento
señas – aun a los buitres lastimosas –,
para con estas lastimosas señas
temeridades enfrenar segundas.

Góngora, Soledades I, 435–442.

Ich bin geblendet geboren, Schaum in den Augen,
brüllend vor Wehmut, ohne den Himmel zu sehen,
am schwarzen Freitag, heute vor dreißig Jahren.

Schaum vor dem Mund des Jahrhunderts! Schaum
in den Kassenschränken! Jaulender Schaum
in den Gebärmüttern und den Luxusbunkern!
Schaum in den rosa Bidets!

Dagegen hilft kein himmlischer Blitz! Das blüht,
das überzieht die Erde an Haupt und Gliedern
mit rasendem Rotz! Das reutet kein Feuer,
kein Schwert! Das endet nicht! Dagegen gibt es,
ehrlich gesagt, keinen Rat, kein Beil, kein Geheimnis.
Das ist zu süß! Das steigt aus dem Abgrund auf
und schäumt! und schmunzelt! und schäumt!

Reicht mir die Bruderhand, ihr Verräter,
übersät mit Warzen, Flaksplittern und Brillanten,
Bewohner schmutziger Nebensätze,
reicht mir den Adamsapfel zum Judasbiß,
das schäumende Seifenherz und den Kontoauszug,
rosig von Hämoglobin! Zieht mich zu Grund,
tiefer zu euch, zu den anderen Quallen,
in den freiberuflichen Schaum!

Hier stehe ich täglich, ein Feuerschlucker wie ihr,
wie alle andern, an meiner Straßenecke, von neun
bis fünf, und schlucke mühsam für zwanzig Mark
mein eigenes Feuer, knietief im schäumenden Status quo,
unter Vergasern und Ampeln.
Horch!

Wer ruft Grüßgott aus dem Schaum?
Wer heißt mich hoffen? Und warum hoffen?
Wer reicht mir die klebrige Bruderhand?

Loslassen! Loslassen! Ich bin keiner von euch
und keiner von uns: ich bin zufällig geboren
unter schäumenden Wasserwerfern, zufällig brüllend,
ehrlich gesagt, allein, ohne Brüder, geblendet,
am schwarzen Freitag, in einem rosa Bidet.

Und warum allein? und warum rosa? und warum
nicht? und warum ehrlich gesagt?

Wer schluckt nicht sein eigenes Feuer? Wer
watet nicht durch abgemähte Fingernägel fürbaß?
Wer hat keine schmierige Klausel in seinem Vertrag?
Wer will erlöst werden und von wem? und wovon?
Wer frißt nicht unaufhörlich mit vorzüglicher Hochachtung?
Wer ist nicht veranlagt? Wer hat die Angstschreie
auf den Hauptversammlungen nicht vernommen?

Wer hat keine Bronchen aus Plastik? Na also!
Wer war schon in einer Fabrik? Wer
riecht nicht aus dem Hals? Wer
ist nicht geschieden, und warum nicht?
Wer schreibt keine Ansichtskarten aus Capri?
Wer hurt nicht mit der Geschichte herum?

Wen reut sein Leben nicht? und warum nicht?
und warum nicht? Wer sagt nicht: und so weiter?

und warum so weiter? Wer schreit Hilfe?
und warum Hilfe? und warum warum?

Wer weiß nicht daß er verreckt? Aber woher denn,
daran stirbt man nicht! Wer ist nicht Tachist?
Wer hat keine Handschellen vor dem Mund,
und kein desinfiziertes Gehirn? Aber woher,
aber woher denn die Honorare, und warum nicht?
Woher die Müllhaufen, aus denen Pfauen brechen
und mystische Rosen? und, ehrlich gesagt: woher,
woher dieser Schaum?

Gebt mir die Hand, erloschene Feuerschlucker!
Mumien, vermummt in rosigen Schaum, Grüßgott!
Reicht mir die schaumige Speiseröhre zum Gruß,
siehe, ich bin einer von euch,
ich will euch ersticken im eigenen Schaum!

Denn zufällig lebe ich noch!
Zufällig bin ich stark wie ein Krüppel,
der Niemand heißt, ehrlich gesagt,
daran stirbt man nicht, stark
und ohne Adresse und kalt wie der Himmel.

So geht doch! Geht! Worauf wartet ihr noch?
Auf die Hochbahn, auf die Niewiedergutmachung,
auf die steuerbegünstigte Sintflut?

Das Jüngste Gericht ist bestochen,
Leihwagen fahren die Päpste
in ihrer Tiara aus Schaum.

An glühenden Telefonen baumeln die Makler
im Schweiß ihrer schweinsledernen Gesichter:
Der Klassenkampf ist zu Ende, am Boden liegt
die Beute in ihrem Fett, liquide,
Schaum in den rosigen Augen. Verschimmelt

in den Vitrinen ruhn, unter Cellophan,
Banner und Barrikaden. Aus einer antiken Jukebox dröhnt
die Internationale, ein müder Rock.

Die Generalstäbe spielen Weltraumgolf.
Hinter der Schallmauer nimmt der Fortschritt
eine Parade von lenkbaren Lehrstühlen ab.

In den Staatsbanken singen kastrierte Kassierer
schaumige Arien, bis die begeisterten Damen
ihr Gefrierfleisch aus dem Chinchilla schälen.

Tränengas, Cadillacs und Baracken
für die Afrikaner! Rabattmarken her
für die Hungerödeme der Freien Welt!

Und warum nicht diese prämierten Euter?
Filmhintern in rosigem Schaum, Striptease
des Abendlandes von Bottrop bis San Diego?

Ehrlich gesagt: warum nicht? und warum
keine Rampen? Sollen es unsere Kinder vielleicht
besser haben als wir? Aber woher denn!

Woher die möblierten Herren, die unter die Teppiche
kriechen
und das geflammte Furnier und die Stellenangebote
zerbeißen?
Woher? und wohin mit ihnen? Wohin mit den Witwen?
Wohin mit den Kommunisten? Wohin mit dem,
was da sagt Hölderlin und meint Himmler, mit dem,
was da Raketen und Raten abstottert, was da filmt
und vögelt und fusioniert? Wohin mit den Erzbischöfen?
Wohin mit den abgeschabten Genies, die vor Angst
aus dem Fenster fallen? Hinaus, hinaus in den Regen!
In den tiefen ranzigen Schaum, in die Irrenhäuser,
in die Gefängnisse, in die Kongreßhallen,

wo der Speichel der Lügner von den Wänden rinnt,
wohin denn sonst? In die gußeisernen Krematorien,
und in die hundertfältig verfluchten Zollämter,
Hauptzollämter und Zollaufsichtsbehörden!

Und wohin mit uns? Wohin mit dem,
was die Fußballstadien schäumend füllt
und schreit nach Coca-Cola und Blut?
Wohin mit dem lieben Gott? Wohin
mit seinem glasscherbenfressenden Ebenbild?
Freiwillig in die Bundeswehr! in den Schaum!

in den rasenden schwarzen rosigen Schaum!
in den wiehernden schäumenden Schaum!

Loslassen! Finger weg! Zufällig lebe ich noch!
Zufällig bin ich geboren!

Und ich kenne diesen Geschmack nach Chlor und Blei:
schmeckt ihr es nicht im Sahnebaiser,
ihr unaufhörlichen fressenden Leichen bei Kranzler?
Heil Hitler! Vergelts Gott! diesen Geschmack
nach Auschwitz im Café Flore, im Doney,
nach Budapest, im Savoy, und nach Johannesburg?

Und warum so weiter? und warum dieses Gebären
alberner Fünflinge aus bloßem Zeitungspapier,
diese Ausbrüche rührender alter Vulkane,
diese Krönungen und Krawalle? Schluß damit!
Aufhören! Ehrlich gesagt, diese Springfluten,
daran stirbt man nicht! Man stirbt auf dem Stuhl,
wenn man bedenkt, daß sich die Menschen essen,
ein Mensch, ehrlich gesagt, den andern!

Und warum nicht? und warum kein Lebkuchenherz
und keine Gratisaktien für den Kultusminister?
Na und? und warum keinen Mokka? Warum kein Koma?

Warum kein Amok? Daran stirbt man nicht!
Man stirbt in der Nato, an Herzverseifung,
ehrlich gesagt, in einem Knäuel von Ministranten,
in einem Schaumgummihochhaus in Düsseldorf,
man stirbt auf dem Stuhl, ehrlich gesagt,
wenn man bedenkt, wer man ist!

Kauft euch Särge mit Klimaanlage und Wasserspülung,
wahrlich, wahrlich, die Preise steigen, ade!
Bald habt ihr Schmirgel im Hals.

Worauf wartet ihr noch? Stopft euch den Schmuck
in die Busen, den Büchsenöffner, das Cembalo,
bietet der Nemesis eine Pauschale an
und packt! Packt die Vergütungen ein,
die Gasmaske und den Unterleib!

Kauft Geigerzähler und alte Meister!
Kauft Knaben auf und verrichtet an ihnen,
solange Vorrat, euer Gesabber!
Kauft euch den Montag! das Meer!
Kauft euch Porridge und Bomben, kauft
vom Flugplatz weg das Genie!
Kauft euch das Gift, das ich euch
auf die käuflichen Zungen lege,
um euch zu töten, um euch zu erfrischen!
Kauft euch Kultur und wälzt sie wie einen Kaugummi
zwischen den Kiefern! Gründet euch schnöde Schweizen!
Stockt auf! Warum nicht? Setzt um! Stellt glatt!
Macht flüssig! Schreibt ab! Schüttet aus!

Und warum nicht? Warum keine Kopfjäger
in kessen Kabriolets? Warum keine Kübel
voll Affenhormon in der Nervenklinik?
Wer wirft da, ehrlich gesagt, den ersten Stein?

Wer lebt nicht von Spritzen? Wer knackt,
auf den Kreuzungen, keine Schädel? Na also!

Wer ist nicht am Schleimhauthandel beteiligt?
Wer weiß nicht was Waschzwang ist? Wer heißt nicht
Pilatus?

Aufmachen! Schluß! Die Steuerfahndung ist da!
Die Trauzeugen!
Das Bundesverdienstkreuz! Der gemischte Chor! Die
Statistik!
Der himmlische Bräutigam und der Generalstreik!
Die Gashähne auf! Stoßgebet! Furcht und Zittern!

Grüß Gott! An die Barren! Zur Riesenkippe! Ein Lied!
Bis dat qui cito dat! Vergelts Gott! Die Fahne hoch!
Si vis pacem para bellum! Ausziehen! Hinlegen!
In saecula saeculorum!

Das hört nicht auf! Das stirbt, ununterbrochen,
aber nicht ganz, das faselt geschmeichelt
von Apokalypse, das frißt am Nullpunkt noch Kaviar
und spritzt sein Eiweiß gegen die Zuchthauswand!
Lebewohl, lebewohl, interkontinentales Rülpsen,
das krault durch Ströme von Gin und Chanel,
und riecht nach Schaum und Kloake! Das hört nicht auf!

Das hat keinen Zweck! Da hilft kein himmlischer Blitz!
Da hilft kein Rilke und kein Dior! Das stinkt
auf den automatischen Bachwochen zum Himmel!
Das sind Gesichter aus Mayonnaise und Kitt!
Das schlägt in der Stunde seines Absterbens zu
mit Schaumlöscher, Gasrohr und Aktennotiz!

Loslassen! Schluß! Davon weiß ich nichts!
Ich bin keiner von uns! Ich bin niemand!
Finger weg! Ich bin allein! Laßt mich los!

Ich will euch nicht ändern! Vergelts Gott!
Das läßt mich kalt! Das hat keinen Zweck!

Brüder im Schaum, Prälaten und Feuerschlucker,
schaumgeborene Aufsichtsräte, ich sehe euch zu,
gleichgültig, ehrlich gesagt, und frage mich:
Wahrlich, wahrlich, wohin mit euch,
geblendete Seifenherzen, wohin? und warum
zur Hölle, und warum nicht? und warum
liebt ihr Johann Sebastian Bach? und warum
habt ihr Nasen wie ich? und warum schäumt süß
wie ein fernes Blutgerinsel die Zukunft
am rosigen Himmel?

Ja, hieße ich Niemand, wäre ich niemands Bruder
im Niemandsland, wäre ich weggerissen, so,
daß ich ruhen könnte, von den Lebendigen!
Wäre ich, zufällig, keiner von euch und von uns,
wäre ich frei davon, von uns, von diesem Schaum,

diesem triefenden schmunzelnden süßen Schaum
vor dem Mund des Jahrhunderts, der steigt
und steigt und bläht sich in den Tresoren,
in den Brautbetten, in den Gedichten, und,
warum nicht? in meinem schaumigen Herzen,

das schwimmt, geblendet, im kochenden Schaum
und rostet, und schwimmt,
unsterblich wie eine Büroklammer,

wohin wohin

in die rosige Zukunft

Botschaft des Tauchers

Unter der silbernen Glocke, hangend
im Tang, die Maske vor dem Gesicht,
den elektrischen Rüssel, angehalftert
an runzligen Nabelschnüren, taumelnd
im milchigen Abgrund, allein
mit seinem Herzen wie ein Prophet,
allein mit seinem Schweiß im Gegurgel:

Oben im Licht macht die Jury den Tod
und den Kultursalat an, Jupiter
verkauft sich unter den Lampen,
es jubeln Posaunenchöre, überall
pfeifen die Schiedsrichter schon
zum letzten Elfmeter, die Sender
morsen Bullen zum Harakiri:

Unten im Dunkel in seiner Rüstung,
in seiner brennenden Reuse schwebt,
in der Dünung der Algen,
saumselig, in seinen Sielen
aus Kupfer und Gummi, blind,
der ruhmlose Taucher, und ruft
in das rauschende Sprechgeschirr:

CQ CQ An Alle! An Alle!
Ich bin auf dem Grund allein,
wo niemand recht hat von uns
und von euch, vernäht in mein Ende:
die stumme Muschel hat recht
und der herrliche Hummer allein,
recht hat der sinnreiche Seestern.

Ich wiederhole: laßt ab,
laßt ab von uns und von euch

und von mir!
Kurz-kurz-kurz
lang
kurz-lang

Küchenzettel

An einem müßigen Nachmittag, heute
seh ich in meinem Haus
durch die offene Küchentür
eine Milchkanne ein Zwiebelbrett
einen Katzenteller.
Auf dem Tisch liegt ein Telegramm.
Ich habe es nicht gelesen.

In einem Museum zu Amsterdam
sah ich auf einem alten Bild
durch die offene Küchentür
eine Milchkanne einen Brotkorb
einen Katzenteller.
Auf dem Tisch lag ein Brief.
Ich habe ihn nicht gelesen.

In einem Sommerhaus an der Moskva
sah ich vor wenig Wochen
durch die offene Küchentür
einen Brotkorb ein Zwiebelbrett
einen Katzenteller.
Auf dem Tisch lag die Zeitung.
Ich habe sie nicht gelesen.

Durch die offene Küchentür
seh ich vergossene Milch
Dreißigjährige Kriege
Tränen auf Zwiebelbrettern
Anti-Raketen-Raketen
Brotkörbe
Klassenkämpfe.

Links unten ganz in der Ecke
seh ich einen Katzenteller.

Der Andere

Einer lacht
kümmert sich
hält mein Gesicht mit Haut und Haar unter den Himmel
läßt Wörter rollen aus meinem Mund
einer der Geld und Angst und einen Paß hat
einer der streitet und liebt
einer rührt sich
einer zappelt

aber nicht ich
ich bin der Andere
der nicht lacht
der kein Gesicht unter dem Himmel hat
und keine Wörter in seinem Mund
der unbekannt ist mit sich und mit mir
nicht ich: der Andere: immer der Andere
der nicht siegt noch besiegt wird
der sich nicht kümmert
der sich nicht rührt

der Andere
der sich gleichgültig ist
von dem ich nicht weiß
von dem niemand weiß wer er ist
der mich nicht rührt
das bin ich

Bibliographie

Dies ist für dich geschrieben.
Windungen unter der Rinde,
Zitterschrift hinter den Schläfen,
Ameisenwege.

Das ist keine Kunst.

Gedruckte Schaltung,
Kommunismus
der Polypeptide,
elektronische Schlüsselblumen,
Lerchen, programmgesteuert.

Nimm und lies,
alter Selbstmörder.

Genetische Manifeste,
Permutationen, Triller.
Jeder Kristall ein Chef d'œuvre.
Libellenaugen zu konstruieren
ist keine Kunst,
aber Weltreiche sind simpler gebaut.

Diese Brennessel
könnte von Proust sein:
Feedback-System zweiten Grades,
ultrastabil.

Bis dir das Buch in die Hand kommt,
ist es zum Lesen
vielleicht schon zu dunkel.

Ob die Libellen
ohne uns auskommen werden,

wissen wir nicht.
Es ist anzunehmen.

Wirf das Buch fort
und lies.

Weiterung

Wer soll da noch auftauchen aus der Flut,
wenn wir darin untergehen?

Noch ein paar Fortschritte,
und wir werden weitersehen.

Wer soll da unsrer gedenken
mit Nachsicht?

Das wird sich finden,
wenn es erst soweit ist.

Und so fortan
bis auf weiteres

und ohne weiteres
so weiter und so

weiter nichts

keine Nachgeborenen
keine Nachsicht

nichts weiter

Historischer Prozeß

Die Bucht ist zugefroren.
Die Fischkutter liegen fest.
Das besagt nichts.
Du bist frei.
Du kannst dich hinstrecken.
Du kannst wieder aufstehen.
Es ist nicht schade um deinen Namen.
Du kannst verschwinden
und wiederkommen.
Das ist möglich.
Auch wenn einer stirbt
kommen noch Briefe für ihn.
Es ist nicht viel zu vereiteln.
Du kannst schlafen.
Das ist möglich.
Über Nacht wird der Eisbrecher da sein.
Dann laufen die Kutter aus.
Die Fahrtrinne ist schmal.
Über Nacht friert sie wieder zu.
Das besagt nichts.
Es ist nicht schade um deinen Namen.

Leuchtfeuer

I

Dieses Feuer beweist nichts,
es leuchtet, bedeutet:
dort ist ein Feuer.
Kennung: alle dreißig Sekunden
drei Blitze weiß. Funkfeuer:
automatisch, Kennung SR.
Nebelhorn, elektronisch gesteuert:
alle neunzig Sekunden ein Stoß.

II

Fünfzig Meter hoch über dem Meer
das Insektenauge,
so groß wie ein Mensch:
Fresnel-Linsen und Prismen,
vier Millionen Hefnerkerzen,
zwanzig Seemeilen Sicht,
auch bei Dunst.

III

Dieser Turm aus Eisen ist rot,
und weiß, und rot.
Diese Schäre ist leer.
Nur für Feuermeister und Lotsen
drei Häuser, drei Schuppen aus Holz,
weiß, und rot, und weiß. Post
einmal im Monat, im Luv
ein geborstner Wacholder,
verkrüppelte Stachelbeerstauden.

IV

Weiter bedeutet es nichts.
Weiter verheißt es nichts.
Keine Lösungen, keine Erlösung.

Das Feuer dort leuchtet,
ist nichts als ein Feuer,
bedeutet: dort ist ein Feuer,
dort ist der Ort wo das Feuer ist,
dort wo das Feuer ist ist der Ort.

Schattenreich

I

Hier sehe ich noch einen Platz,
einen freien Platz,
hier im Schatten.

II

Dieser Schatten
ist nicht zu verkaufen.

III

Auch das Meer
wirft vielleicht einen Schatten,
auch die Zeit.

IV

Die Kriege der Schatten
sind Spiele:
kein Schatten
steht dem andern im Licht.

V

Wer im Schatten wohnt,
ist schwer zu töten.

VI

Für eine Weile
trete ich aus meinem Schatten,
für eine Weile.

VII

Wer das Licht sehen will
wie es ist
muß zurückweichen
in den Schatten.

VIII

Schatten
heller als diese Sonne:
kühler Schatten der Freiheit.

IX

Ganz im Schatten
verschwindet mein Schatten.

X

Im Schatten
ist immer noch Platz.

Über die Schwierigkeiten der Umerziehung

Einfach vortrefflich
all diese großen Pläne:
das Goldene Zeitalter
das Reich Gottes auf Erden
das Absterben des Staates.
Durchaus einleuchtend.

Wenn nur die Leute nicht wären!
Immer und überall stören die Leute.
Alles bringen sie durcheinander.

Wenn es um die Befreiung der Menschheit geht
laufen sie zum Friseur.
Statt begeistert hinter der Vorhut herzutrippeln
sagen sie: Jetzt wär ein Bier gut.
Statt um die gerechte Sache
kämpfen sie mit Krampfadern und mit Masern.
Im entscheidenden Augenblick
suchen sie einen Briefkasten oder ein Bett.
Kurz bevor das Millenium anbricht
kochen sie Windeln.

An den Leuten scheitert eben alles.
Mit denen ist kein Staat zu machen.
Ein Sack Flöhe ist nichts dagegen.

Kleinbürgerliches Schwanken!
Konsum-Idioten!
Überreste der Vergangenheit!

Man kann sie doch nicht alle umbringen!
Man kann doch nicht den ganzen Tag auf sie einreden!

Ja wenn die Leute nicht wären
dann sähe die Sache schon anders aus.
Ja wenn die Leute nicht wären
dann gings ruckzuck.
Ja wenn die Leute nicht wären
ja dann!
(Dann möchte auch ich hier nicht weiter stören.)

Lied von denen auf die alles zutrifft und die alles schon wissen

Daß etwas getan werden muß und zwar sofort
das wissen wir schon
daß es aber noch zu früh ist um etwas zu tun
daß es aber zu spät ist um noch etwas zu tun
das wissen wir schon

und daß es uns gut geht
und daß es so weiter geht
und daß es keinen Zweck hat
das wissen wir schon

und daß wir schuld sind
und daß wir nichts dafür können daß wir schuld sind
und daß wir daran schuld sind daß wir nichts dafür können
und daß es uns reicht
das wissen wir schon

und daß es vielleicht besser wäre die Fresse zu halten
und daß wir die Fresse nicht halten werden
das wissen wir schon
das wissen wir schon

und daß wir niemand helfen können
und daß uns niemand helfen kann
das wissen wir schon

und daß wir begabt sind
und daß wir die Wahl haben zwischen nichts und wieder nichts
und daß wir dieses Problem gründlich analysieren müssen
und daß wir zwei Stück Zucker in den Tee tun
das wissen wir schon

und daß wir gegen die Unterdrückung sind
und daß die Zigaretten teurer werden
das wissen wir schon

und daß wir es jedesmal kommen sehen
und daß wir jedesmal recht behalten werden
und daß daraus nichts folgt
das wissen wir schon

und daß das alles wahr ist
das wissen wir schon

und daß das alles gelogen ist
das wissen wir schon

und daß das alles ist
das wissen wir schon

und daß Überstehn nicht alles ist sondern gar nichts
das wissen wir schon

und daß wir es überstehn
das wissen wir schon

und daß das alles nicht neu ist
und daß das Leben schön ist
das wissen wir schon
das wissen wir schon
das wissen wir schon

und daß wir das schon wissen
das wissen wir schon

Die Scheiße

Immerzu höre ich von ihr reden
als wär sie an allem schuld.
Seht nur, wie sanft und bescheiden
sie unter uns Platz nimmt!
Warum besudeln wir denn
ihren guten Namen
und leihen ihn
dem Präsidenten der USA,
den Bullen, dem Krieg
und dem Kapitalismus?

Wie vergänglich sie ist,
und das was wir nach ihr nennen
wie dauerhaft!
Sie, die Nachgiebige,
führen wir auf der Zunge
und meinen die Ausbeuter.
Sie, die wir ausgedrückt haben,
soll nun auch noch ausdrücken
unsere Wut?

Hat sie uns nicht erleichtert?
Von weicher Beschaffenheit
und eigentümlich gewaltlos
ist sie von allen Werken des Menschen
vermutlich das friedlichste.
Was hat sie uns nur getan?

Das wirkliche Messer

Es waren aber Abertausend in einem Zimmer
oder einer allein mit sich oder zwei
und sie kämpften gegen sich miteinander

Der eine war der der Der Mehrwert sagte
und dachte an sich nicht und wollte von uns
nichts wissen Die Lehre sagte er her
Das Proletariat und Die Revolution
Fremdwörter waren in seinem Mund wie Steine
Und auch die Steine hob er auf
und warf sie Und er hatte recht

Das ist nicht wahr Und es war der andere
der dies sagte Ich liebe nur dich
und nicht alle Wie kalt meine Hand ist
Und der fressende Schmerz in deiner Leber
kommt nicht vor in den Losungen Wir
sterben nicht gleichzeitig Wer erst
hat wenn wir uns freuen recht? Und er hatte recht

Aber Und so fuhr der andere fort Fortan
kann ich deinen Fuß nicht zurück
setzen Wer soviel wie wir weiß
hilft sich so leicht nicht und Ich
komme nicht mehr in Betracht Also komm
in die Partei und so fort Auch wenn
wir nicht recht haben Und er hatte recht

Das wußte ich immer schon daß du das
was du selber nicht glaubst
Das sagte der andere Vor uns hin
Wie ein Messer schleppst Doch hier
steckt es schon bis zum Heft
in deinem Fleisch Das Messer
Das wirkliche Messer Und er hatte recht

Und dann starb der eine und der andere
auch Aber nicht gleichzeitig
Und sie starben alle Und dann
schrieen sie und kämpften gegeneinander
mit sich und liebten und freuten
und unterdrückten sich
Abertausend in einem Zimmer

Oder einer mit sich allein oder zwei
Und sie halfen sich Und sie hatten recht
Und sie konnten einander nicht helfen

N. M. (1469–1527)

Niccolò Niccolò fünfhundertjähriger Bruder
diesen Kranz aus dürren Worten drück ich dir auf den
harten Schädel

Unter uns gesagt haben wir allen Grund dich zu bewundern
dürr und kleinkariert und zerfressen von Theorien

Niccolò Meister des kriechenden Ganges
ewig gekränkter Staatsdiener einer schäbigen Republik

Generalstäbler, Botschafter, *Herrlichkeit*, Polizist
immer zu schlecht bezahlt für deinen Geschmack eines
Parvenus

Vorbild aller Geschichtsschreiber *(Ob ich, ohne allzusehr
anzustoßen,
diese Begebenheiten herausstreichen oder herabsetzen darf)*

So wie einst du wühlen sie heute noch in dreckigen
Schubladen
vollgestopft mit zerbrochenen Zinnsoldaten und
schimmligen Herzögen

Als kleiner Krautjunker frißt du nun *Feigen und Bohnen
und Dörrfleisch,
den Maden abgejagt*, und bist beschäftigt mit Gallensteinen
und Holzverkauf

Und was deine Weiber betrifft, so hast du sie wie Schnepfen
gerupft
am Samstagabend, und sie erschienen deinem Maklergehirn
wie *bewegliche Sachen*

In meinem Mauseloch, wo ich keine Seele finde, die sich
meiner treuen Dienste
erinnert, streite ich mich um zehn Lire Spielschulden herum

Keine Angst, Niccolò, wir wissen deine Verdienste zu
schätzen
und wir erinnern uns deiner großen Zeiten

Zum Beispiel anno 1502 in Pistoia, wer riet wohl damals
dem Chef:
Die Städte ausradieren, die Erde verbrennen, die Einwohner
deportieren?

Und wer da Widerstand leistete, ans Wippseil mit ihm, an
den Galgen?
Denn einige wenige abschreckende Strafen sind milder als
übertriebene Langmut

Das war ein gutes Jahr für Mr Borgia, *unübertroffen*
glänzend und groß,
für seinen Ghostwriter Niccolò und für die First National
City Bank of Florence

Zehn Jahre später die Katastrophe, Undank der Welt Lohn,
Pensionierung mit dreiundvierzig, ein ranziges Landgut

Tränen des Selbstmitleids: *Denn nirgends froher*
erhebt sein Haupt der Undank als in des Volkes Herzen

Unverstanden wie jedes bessere Genie, Feldherr
auf einem Maulwurfshügel, Hausierer mit ewigen
Wahrheiten:

Dies ist der Kreislauf in dem sich alle Staatsgebilde der Welt
gedreht haben, drehen und immerdar drehen werden

Beweis: die Geschichte, dein Selbstportrait, ein Rattenkönig
von Plünderungen, Meineiden und irren Intrigen

Nach des Tages Last werfe ich den schmutzigen Bauernkittel
ab,
lege prächtige Hofgewänder an und begebe mich in die
Säulenhalle der Alten

Und abends die lyrische Seele: Bettlersonette an den
Gangster vom Dienst
Was ein rechter Renaissancemensch ist, das krümmt sich
beizeiten

Niccolò Niccolò höchste Blüte Europas, vollgestopft
mit Staatsraison bis zum Hals und einem fabelhaften
Gewissen

Du hast deine Leser durchschaut, Napoleon, Franco, Stalin
und mich,
deine dankbaren Schüler, und dafür verdienst du Lob:

Für deine kahlen steinernen Sätze, für deinen Mut zur
Feigheit,
deine tiefsinnige Banalität, und deine Neue Wissenschaft

Niccolò, Schuft, Dichter, Opportunist, Klassiker, Henker:
du bist der Alte Mensch wie er im Buche steht, und dafür
lob ich dein Buch

Bruder Niccolò, das vergeß ich dir nicht, und daß deine
Lügen
so oft die Wahrheit sagen, dafür verfluche ich deine krumme
Hand.

J. de V. (1709–1782)

Das Publikum war exquisit. Ein Knistern
ging durch die seidenen Toiletten: Phantastisch!
Ein Chef d'œuvre: die mechanische Ente.
Auch Diderot war begeistert. Der Automat
watschelte, planschte im Wasser:
Welche Delikatesse in allen Teilen!

Die Flügel glitzerten in der Sonne,
zwei mal vierhundert bewegliche Teile.
Ein metallisches Flirren, ein Schnattern
aus Stahl und Lack. Der Künstler errötet.
Bescheiden, reizend, ein wenig linkisch.

Aber *je größer und komplexer eine Maschine,*
desto mehr Verbindungen finden statt
zwischen ihren einzelnen Teilen;
je weniger man diese Verbindungen kennt,
desto mehrdeutiger wird unser Urteil sein.

Bravo! Der Kardinal de Fleury umarmt nach der Vernissage
den Erfinder, und flugs beruft er ihn an die Spitze
der Seidenmanufaktur zu Lyon.
Welcher Fall tritt also ein, wenn die Maschine
in jeder Hinsicht unendlich ist?

Sonderbar, wie sich der neue Inspekteur
einschließt. Fragt niemand, zeichnet fieberhaft.
Der Traum der Vernunft gebiert Ungeheuer:
Maschinen zum Bau von Maschinen.
Der automatische Webstuhl, angetrieben
von einem einzigen Wasserrad (oberschlächtig)
über endlose Ketten. *Vollkommenheit, Ökonomie.*

Der geglättete Eisendraht, geschnitten
in immergleiche Stücke, und immer gleich
an jedem Ende gebogen zu gleichen Gliedern;
ein Haken, immer gleich, nimmt den Draht auf,
der das nächste Glied zu bilden bestimmt ist.

Von der Haspelei bis zum Walkwerk
ein integrierter industrieller Komplex,
gut ausgeleuchtet, voll klimatisiert:
ein Entwurf von unerhörter Eleganz.
(Zwischen Rendite und Ingenium
finden gewisse Verbindungen statt.)

Von nun an bringen die Arbeiter von Lyon
jede wache Stunde ihres Lebens
in einem riesigen Spielzeug zu,
in dem sie gefangen sind: *dergestalt,*
daß ein jeder fortwährend den immer gleichen
einfachen Handgriff ausführt,
und zwar immer besser und rascher.

Welcher Fall tritt also ein,
wenn die Weber sich wehren?
Zerbrecht das Haspelwerk!
Steinigt den Blutsauger!

Dem aufsässigen Pöbel zur Strafe
konstruierte er einen Esel,
welcher ein geblümtes Zeuch webte.
Und so fort. *(Wer aber den Menschen*
das Licht der Aufklärung bringt,
der muß gefaßt sein auf Nachstellungen.)

Dann Jacquard. Jacquard war der Nächste
mit seinen Lochkarten. Fortschritte,
Barrikaden. *Die Blutbäder*
waren unvermeidlich.

Auch die Ente wurde verbessert:
Schließlich pickte sie Körner auf,
verdaute sie sorgfältig, und *der Gestank,*
der sich jetzt im Raume verbreitet,
ist unerträglich. Wir möchten dem Künstler
die Freude ausdrücken, die seine zauberhafte
Erfindung uns allen bereitet hat.

C. R. D. (1809–1882)

Der Mann, der nicht wollte.
Die Erde unter den Füßen machte ihn seekrank.
»Bahnbrechend«, »umwälzend«, »genial«, »ein Titan«:
er wollte nicht, hat sich gewehrt,
von Anfang an, mit allen Mitteln.
Brechreiz, Migräne, Hypochondrie.

Die Schule *nichts weiter als ein weißer Fleck.*
Stellt sich dumm. Aus Mimikry mittelmäßig und faul.
Das Studium *abstoßend, unerträglich langweilig,*
verlorene Zeit. Versteht nichts von Mathematik,
vergißt die Klassiker, bleibt *unwissend wie ein Schwein,*
was Politik betrifft, Geschichte und Philosophie.

Man mutet ihm zu, Arzt zu werden:
er kann kein Blut sehen.
Man will einen Pfarrer aus ihm machen:
er kann kein Latein.
Versager. Hält sich aus allem heraus,
zaudert, vermeidet es, Konsequenzen zu ziehen,
hat keine Ellbogen.

Die Ehe: *Schreckliche Zeitvergeudung.*
Kinder: *Immerhin besser als ein Hund.*
Jeglichem Amüsement geht er aus dem Weg:
Amüsement ist das Allerschlimmste.

Dann die berühmte Weltreise: halb widerwillig,
halb aus Versehen. An Bord
liegt er stundenlang auf dem Kartentisch.
Schwindelgefühl, Schlaffheit.
Sammelt Proben, Daten, Präparate.
Seine Überzeugungen behält er für sich.

Eines Nachmittags liest er Malthus
(zur Unterhaltung): Herzklopfen,
heftiger Schüttelfrost, und im Gehirn
ein elektrischer Sturm. Fortan
war er verloren. Der Rest war Evolution:

Die Entstehung der Arten entsteht
und entfaltet, »naturwüchsig«, unaufhaltsam,
eine neue Art von Ideen, in einem Prozeß,
der den Zermalmer zermalmt, allmählich,
langsam, und unerbittlich.

Er weicht zurück, heiratet,
zieht in ein abgelegenes Dorf,
vermeidet Reisen, Geselligkeiten,
schirmt sich ab: Rentner mit dreiunddreißig.

Mein Kopf hat sich in eine Art Maschine verwandelt,
die dazu bestimmt ist, große Mengen von Fakten
zu allgemeinen Gesetzen zu vermahlen.

Sieben Jahre *Über Korallenriffe, ihre Struktur und Verbreitung.*
Einundzwanzig Jahre *Über Bewegungsvermögen und Lebensweise*
der Rank-, Schling- und Kletterpflanzen.
Acht Jahre *Über Entenmuscheln und Seepocken*
(zwei Folianten über die lebenden Arten, zwei über die fossilen).

Es bildet sich aber aus der Schale ein festes Gehäuse,
das den Leib gleich einem Panzer schützt.
Aus meinem weiteren Leben habe ich daher,
abgesehen von meinen Publikationen,
nichts zu berichten.

Tageslauf: höchstens vier Stunden Arbeit,
dann der Besuch in den Treibhäusern.

Lange Siesta, in einen Schal gewickelt,
auf dem Sofa. Umkleiden. Nach dem Dinner
spielt jemand eine Klaviersonate.

Man geht früh zu Bett. Schlaflosigkeit:
Seine Nächte waren meist schlecht,
er lag oft wach oder saß aufrecht im Bett.

(Vgl. fünfzehn Meilen [Luftlinie] entfernt
einen anderen Invaliden, der widerwillig
und unaufhaltsam am Umsturz arbeitet:
Leberleiden, Brechreiz, Furunkulose;
matt wie eine Fliege, schlaflos, geplagt
von *übertriebenem Blutscheißen*:
Ich bin eine Maschine, dazu verdammt,
Bücher zu verschlingen und sie dann
in veränderter Form auf den Dunghaufen
der Geschichte zu werfen.)

Endlose Details, akkumuliert wie Korallenkalk,
in Schubladen, Mappen, Registern.

Armer Teufel, bemerkt sein Gärtner,
steht herum und starrt minutenlang
auf eine Sonnenblume.
Wenn er nur etwas zu tun hätte,
das wäre besser für ihn.

Schmerzliche Verkümmerung, Gefühl,
völlig verdorrt zu sein.
Nur die Wissenschaft bleibt.
Um so schlimmer.
Manchmal hasse ich sie.

Will nicht, hat nie gewollt,
und hängt doch sein ganzes Leben an »die Natur«,
mit ihrer plumpen Vergeudung, niedrigen Pfuscherei

und abscheulichen Grausamkeit: methodisch
wie ein Buchhalter oder ein Regenwurm.

Die Bildung der Ackererde
durch die Thätigkeit der Würmer,
mit Beobachtungen über deren Lebensweise:
Frucht einer Tätigkeit von fünfzig Jahren.
In der Geschichte der Erde bedeutsamer,
als man denkt, vermahlen sie
in ihrem Muskelmagen die Erde zu Humus,
tonnenweise, lautlos und unaufhaltsam.

M. A. B. (1814–1876)

Ich wünschte nur eines, rief er, *das Gefühl der Empörung,*
das mir heilig ist, bis an mein Ende ganz und voll zu bewahren! –
Marktschreier, Dickkopf, verdammter Kosak! – Das ist die Liebe
zum Phantastischen, ein Hauptfehler meiner Natur. – Mohammed
ohne Koran! – Die Ruhe bringt mich zur Verzweiflung. – Ein Gaukler,
ein Papst, ein Ignoramus! – Sein Herz und sein Kopf sind aus Feuer.
Ja, Bakunin, so muß es gewesen sein. Ein ewiges Nomadisieren,
närrisch und selbstvergessen. Unerträglich, unvernünftig, unmöglich
warst du! Meinetwegen, Bakunin, kehr wieder, oder bleib wo du bist.

Eine lange Gestalt in blauem Frack auf den Dresdener Barrikaden,
mit einem Gesicht, darin sich die roheste Wuth ausdrückte. Feuer
ans Opernhaus! Und als alles verloren war, *verlangte er, in der Hand*
die Pistole, von der Provisorischen Revolutions-Regierung,
sie möge sich (und ihn) in die Luft sprengen. (Merkwürdige Kaltblüthigkeit.)
Mit großer Mehrheit lehnten die Herren den Antrag ab.

Erinnerst du dich, Bakunin? Immer dasselbe. Natürlich hast du gestört.
Kein Wunder! Und du störst heute noch. Verstehst du? Du störst
ganz einfach. Und darum bitte ich dich, Bakunin: kehr wieder.

Verhört, an die Wand geschmiedet in den Olmützer
Kasematten,
zum Tod verurteilt, nach Rußland verschleppt, *begnadigt zu
ewigem Kerker*:
ein höchst gefährlicher Mensch! In seine Zelle läßt ihm ein
Gönner
einen Flügel von Lichtenthal bringen. Die Zähne fallen ihm
aus.
Für seine Oper *Prometheus* erfindet er *eine süße, klagende
Melodie,
zu deren Takt er in kindlicher Weise sein Löwenhaupt wiegte.*

Ach, Bakunin, das sieht dir ähnlich. (*Sein Löwenhaupt
wiegte:*
noch zwanzig Jahre danach, in Locarno.) Und weil es dir
ähnlich sieht,
und weil du uns doch nicht helfen kannst, Bakunin, bleib
wo du bist.

Verbannt nach Sibirien, und den eisblauen Amur entlang
geflohen
über das Stille Meer, auf Dampfseglern, Schlitten, Pferden,
Expreßzügen, quer durch das wüste Amerika, sechs Monate
lang
ohne Aufenthalt, endlich, in Paddington, kurz vor Neujahr,
aus dem Hansom gestürzt, die Treppe hinauf, in Herzens
Arme
warf er sich und rief aus: *Wo gibt es hier frische Austern?*

Weil du, mit einem Wort, unfähig bist, Bakunin, weil du
nicht taugst
zum Abziehbild zum Erlöser zum Bürokraten zum
Kirchenvater
zum rechten oder zum linken Bullen, Bakunin: kehr wieder,
kehr wieder!

Zurück im Exil. *Nicht nur das Grollen des Aufruhrs, der Lärm der Clubs,*
der Tumult auf den Plätzen; auch die Bewegtheit des Vorabends,
auch die Absprachen, Chiffren, Losungen machten ihn glücklich.
Großer Obdachloser, verfolgt von Gerüchten, Legenden, Verleumdungen!
Magnetisches Herz, naiv und verschwenderisch! *Er schimpfte und schrie,*
ermunterte und entschied, den ganzen Tag und die ganze Nacht.

Nicht wahr? Und weil deine *Tätigkeit*, dein *Müßiggang*, dein *Appetit*,
dein *ewiges Schwitzen sowenig von menschlichem Ausmaß* sind
wie du selber, darum rate ich dir, Bakunin, bleib wo du bist.

Sein Biograph, der Allwissende, sagt: Er war impotent. Aber Tatjana,
die kleine verbotene Schwester, Harfe spielend im weißen Herrenhaus,
machte ihn rasend. Zwar seine drei Kinder sind nicht von ihm.
Doch Nečaev, dem Mythomanen, dem Mörder, dem Jesuiten, Erpresser
und Märtyrer der Revolution, schrieb er: *Mein kleiner Tiger, mein Boy,*
mein wilder Liebling! (Der Despotismus der Erleuchteten ist der ärgste.)

Ach, schweigen wir von der Liebe, Bakunin. Sterben wolltest du nicht.
Du warst kein politökonomischer Todesengel. Du warst verworren
wie wir, und arglos. Kehr wieder, Bakunin! Bakunin, kehr wieder.

Endlich die Nacht in Bologna. Es war im August. Er stand
am Fenster.
Er lauschte. Nichts regte sich in der Stadt. Die Turmuhren
schlugen.
Die Insurrektion war gescheitert. Es wurde hell. In einem
Heuwagen
versteckte er sich. Den Bart abrasiert, im Habit eines
Pfarrers,
ein Körbchen Eier im Arm, mit grüner Brille, am Stock zum
Bahnhof
ist er gehumpelt, um in der Schweiz zu sterben, im Bett.

Das ist jetzt schon lange her. Es war damals wohl zu früh,
wie immer,
oder zu spät. Nichts hat dich widerlegt, nichts hast du
bewiesen,
und darum bleib, bleib wo du bist, oder, meinetwegen, kehr
wieder.

Enorme Fleisch- und Fettmassen, Wassersucht, Blasenleiden.
Polternd lacht er, raucht unablässig, keucht, vom Asthma
gehetzt,
verschlüsselte Telegramme liest er und schreibt mit
sympathetischer Tinte:
Ausbeuten und Regieren: ein und dasselbe. Er ist
aufgedunsen und zahnlos.
Alles bedeckt sich mit Tabaksasche, Teelöffeln, Zeitungen.
Vor dem Haus
tänzeln die Spitzel. Überall Wirrwarr und Schmutz. Die Zeit
verrinnt.

Nach Polizei riecht Europa immer noch. Darum, und weil
es nie und nirgends,
Bakunin, ein Bakunin-Denkmal gegeben hat, gibt oder
geben wird,
Bakunin, bitte ich dich: kehr wieder, kehr wieder, kehr
wieder.

E. G. de la S. (1928–1967)

Eine Zeitlang trugen Tausende auf dem Kopf seine kleine
Mütze,
und Abertausende vor sich her von seinen Abbildungen
große Abbildungen, und riefen seinen Namen sehr laut aus.
Unwirklich scheinen jene Züge quer durch die City jetzt fast
wie das Land und die Klasse, in die er geboren war.

Fern der Schlachthöfe und der Baracken und der Bordelle
bröckelte die Villa des Vaters am Fluß. Das Geld war
verdunstet,
doch der Swimming-Pool wurde gehalten. Ein scheues Kind,
allergisch, oft dem Ersticken nah. Kämpfte mit seinem
Körper,
rauchte Zigarren, wurde (was immer das sein mag) ein Mann.

Unter dem Kopfkissen lag Jules Verne. Sein erster Angriff,
seine erste Flucht in die Wirklichkeit: Traurige Tropen.
Doch die Aussätzigen unter der morschen Veranda am
Amazonas
verstanden nicht, was er sagte, und starben weiter. Dann erst
fand er den Feind, der ihm treu bis ans Ende blieb

und den Feind des Feindes. Wenige Siege später erschien ihm
der Neue Mensch, eine alte Idee, sehr neu. Doch die
Ökonomie
hörte seinen Reden nicht zu. Es fehlten immer Spaghetti.
Auch war keine Zahnkrem mehr da, und woraus wird
Zahnkrem gemacht?
Die Banknoten, die er unterschrieb, galten nichts.

Der Zucker klebte im Hemd. Maschinen, mit harter
Währung bezahlt,
verrotteten an den Kais. Von Gerüchten summte La Rampa.

Kratzfüße in Moskau, neue Kredite. Das Volk stand
Schlange,
war unzuverlässig, riß hungrige Witze. Überall Spitzel,
Intrigen, die er niemals begriff. Ein ewiger Ausländer.

Wollte den Russen moralisch kommen. Der Menschenfreund
schrie nach dem *Haß, der den Menschen in eine gewaltsame,
effektive, kalte Tötungsmaschine verwandeln* soll. Eigentlich
eine Mimose: am liebsten las er Gedichte. (Baudelaire
kannte er auswendig.) Ein zarter Versager, Fraß für
Geheimdienste.

So floh er zu den Waffen und blieb dort, wo alles klar war
und deutlich: Feind Feind und Verrat Verrat, im Dschungel.
Nur er selber schien ausgelöscht. *Rundlich, bartlos, die
Schläfen grau,
dicke Brillengläser, wie ein Vertreter, im Duffle-coat,* derart
vermummt in Ñancahuazú ging er an seine letzte Arbeit.

Sprach kein Quechua, kein Guaraní. *Das Schweigen der
Indios
war absolut, als kämen wir aus einer andern Welt.* Insekten,
Schlingpflanzen, Unterholz. *Die Bauern wie Steine.* Koliken,
Hustenanfälle, Ödeme. Überdosen von Cortison. Adrenalin.
Keuchend die letzte Spritze: *Ave María purísima!*

Schon *breitete sich die Legende aus wie ein Schaum.
Supermen
sind wir bereits, unbesiegbar.* (Immer diese tödliche Ironie,
unbemerkt von den Genossen.) *Ein menschliches Wrack*, ein
Idol.
Wir hätten ihn angestellt, annoncierten unter seinen
Todfeinden
die fortschrittlichsten. Statt dessen stellten sie seine Leiche
aus

mit abgeschnittenen Händen. *Ein mystisches Abenteuer*, und *eine Passion, die unwiderstehlich an das Bild Christi erinnert:* das schrieben die Anhänger. Er: *Les honneurs, ça m'emmerde.*
Es ist nicht lange her, und vergessen. Nur die Historiker nisten sich ein wie die Motten ins Tuch seiner Uniform.

Löcher im Volkskrieg. Sonst in der Metropole spricht von ihm
nur noch eine Boutique, die seinen Namen gestohlen hat.
An der Kensington High Street glimmen die Räucherstäbchen;
neben der Ladenkasse sitzen die letzten Hippies, verdrossen,
unwirklich, wie Fossile, und fraglos, und fast unsterblich.

Der Text bricht ab, und ruhig rotten die Antworten fort.

Innere Sicherheit

Ich versuche den Deckel zu heben,
logischerweise, den Deckel,
der meine Kiste verschließt.
Es ist ja kein Sarg, das nicht,
es ist nur eine Packung, eine Kabine,
mit einem Wort, eine Kiste.

Ihr wißt doch genau, was ich meine,
wenn ich *Kiste* sage,
stellt euch nicht dumm,
ich meine ja nur
eine ganz gewöhnliche Kiste,
auch nicht dunkler als eure.

Also ich möchte raus, ich klopfe,
ich hämmere gegen den Deckel,
ich rufe *Mehr Licht*, ich ringe
nach Atem, logischerweise,
ich donnere gegen die Luke. Gut.

Aber sicherheitshalber ist sie zu,
meine Kiste, sie geht nicht auf,
mein Schuhkarton hat einen Deckel,
der Deckel aber ist ziemlich schwer,
aus Sicherheitsgründen,
denn es handelt sich hier
um einen Behälter, um eine Bundeslade,
um einen Safe. Ich schaffe es nicht.

Die Befreiung kann, logischerweise,
nur mit vereinter Kraft gelingen.
Aber sicherheitshalber bin ich
in meiner Kiste mit mir allein,
in meiner eigenen Kiste.

Jedem das Seine! Um mit vereinter Kraft
zu entweichen aus der eigenen Kiste,
müßte ich, logischerweise, bereits
aus der eigenen Kiste
entwichen sein, und das gilt,
logischerweise, für alle.

Also stemme ich mich gegen den Deckel
mit meinem eignen Genick. Jetzt!
Einen Spalt breit! Ah! Draußen,
herrlich, die weite Landschaft,
bedeckt mit Büchsen, Kanistern,
kurzum, mit Kisten, dahinter
die eifrig rollenden grünen Fluten,
durchpflügt von seetüchtigen Koffern,
die unerhört hohen Wolken darüber,
und überall, überall Luft!

Laßt mich raus, rufe ich also,
erlahmend, wider besseres Wissen,
mit belegter Zunge, von Schweiß bedeckt.
Ein Kreuz schlagen, kommt nicht in Frage.
Winken, geht nicht, keine Hand frei.
Die Faust ballen, ausgeschlossen.

Also, *Ich drücke*, rufe ich,
mein Bedauern aus, wehe mir!
mein eignes Bedauern,
während mit dumpfem *Pflupp*
der Deckel sich wieder,
aus Sicherheitsgründen,
über mir schließt.

Der Aufschub

Bei dem berühmten Ausbruch des Helgafell, eines Vulkans
auf der Insel Heimaey, live übertragen von einem Dutzend
hustender Fernsehteams, sah ich, unter dem Schwefelregen,
einen älteren Mann in Hosenträgern, der, achselzuckend
und ohne sich weiter zu kümmern um Sturmwind, Hitze,
Kameraleute, Asche, Zuschauer (unter ihnen auch ich
vor dem bläulichen Bildschirm auf meinem Teppich),
mit einem Gartenschlauch, dünn aber deutlich sichtbar,
gegen die Lava vorging, bis endlich Nachbarn, Soldaten,
Schulkinder, ja sogar Feuerwehrleute mit Schläuchen,
immer mehr Schläuchen, gegen die heiße, unaufhaltsam
vorrückende Lava eine Mauer aus naß erstarrter
kalter Lava höher und höher türmten, und so,
zwar aschgrau und nicht für immer, doch einstweilen,
den Untergang des Abendlandes aufschoben, dergestalt,
daß, falls sie nicht gestorben sind, auf Heimaey,
einer Insel unweit von Island, heute noch diese Leute
in ihren kleinen bunten Holzhäusern morgens erwachen
und nachmittags, unbeachtet von Kameras, den Salat
in ihren Gärten, lavagedüngt und riesenköpfig,
sprengen, vorläufig nur, natürlich, doch ohne Panik.

Verlustanzeige

Die Haare verlieren, die Nerven,
versteht ihr, die kostbare Zeit,
auf verlorenem Posten an Höhe
verlieren, an Glanz, ich bedaure,
macht nichts, nach Punkten,
unterbrecht mich nicht, Blut
verlieren, Vater und Mutter,
das in Heidelberg verlorene Herz,
ohne mit der Wimper zu zucken,
noch einmal verlieren, den Reiz
der Neuheit, Schwamm drüber,
die bürgerlichen Ehrenrechte, aha,
den Kopf, in Gottesnamen, den Kopf,
wenn es unbedingt sein muß,
das verlorene Paradies, meinetwegen,
den Arbeitsplatz, den Verlorenen Sohn,
das Gesicht, auch das noch,
einen Backenzahn, zwei Weltkriege,
drei Kilo Übergewicht verlieren,
verlieren, immer nur verlieren, auch
die längst verlorenen Illusionen,
na wenn schon, kein Wort
über die verlorene Liebesmüh,
aber woher denn, das Augenlicht
aus den Augen, die Unschuld
verlieren, schade, den Hausschlüssel,
schade, sich, gedankenverloren,
in der Menge verlieren,
unterbrecht mich nicht,
den Verstand, den letzten Heller,
sei's drum, gleich bin ich fertig,
die Fassung, Hopfen und Malz,
alles auf einmal verlieren,
wehe, sogar den Faden,
den Führerschein, und die Lust.

Fachschaft Philosophie

Daß wir gescheit sind, ist wahr. Aber weit entfernt,
die Welt zu verändern, ziehen wir auf dem Podium
Kaninchen aus unserm Gehirn, Kaninchen und Tauben,
Schwärme von schneeweißen Tauben, die unverwandt
auf die Bücher kacken. Daß Vernunft Vernunft ist
und nicht Vernunft, um das zu kapieren,
braucht man nicht Hegel zu sein, dazu genügt
ein Blick in den Taschenspiegel. Er zeigt uns
in wallenden blauen Mäntelchen, bestickt
mit silbernen Sternen, und auf dem Kopf
einen spitzen Hut. Im Keller versammeln wir uns,
wo die Karteileichen liegen, zum Hegelkongreß,
packen unsre Kristallkugeln und Horoskope aus
und machen uns an die Arbeit. Gutachten
schwenken wir, Pendel, Forschungsberichte,
wir lassen die Tische rücken, wir fragen:
Wie wirklich ist das, was wirklich ist? Schadenfroh
lächelt Hegel. Wir malen ihm einen Schnurrbart an.
Schon sieht er wie Stalin aus. Der Kongreß
tanzt. Weit und breit kein Vulkan. Unauffällig
stehen die Posten Posten. In aller Ruhe wirft,
Knüppel aus dem Sack, unser psychischer Apparat
treffende Sätze aus, und wir sagen uns:
In jedem brutalen Bullen steckt doch
ein verständnisvoller Helfer und Freund,
in dem ein brutaler Bulle steckt. Simsalabim!
Wie ein enormes Taschentuch entfalten wir
die Theorie, während vor dem verbunkerten Seminar
bescheiden die Herren im Trenchcoat warten.
Sie rauchen, machen kaum Gebrauch von der Dienstwaffe,
und bewachen die Planstellen, die Papierblumen
und den schneeweiß alles bedeckenden Taubendreck.

Die Ruhe auf der Flucht. Flämisch, 1521

Ich sehe das spielende Kind im Korn,
das den Bären nicht sieht.
Der Bär umarmt oder schlägt einen Bauern.
Den Bauern sieht er,
aber er sieht das Messer nicht,
das in seinem Rücken steckt;
nämlich im Rücken des Bären.

Auf dem Hügel drüben liegen die Überreste
eines Geräderten; doch der Spielmann,
der vorübergeht, weiß nichts davon.
Auch bemerken die beiden Heere,
die auf der hell erleuchteten Ebene
gegeneinander vorrücken –
ihre Lanzen funkeln und blenden mich –,
den kreisenden Sperber nicht,
der sie ins kalte Auge faßt.

Ich sehe deutlich die Schimmelfäden,
die sich durch das Dachgebälk ziehen,
im Vordergrund, und weiter hinten
den vorbeisprengenden Kurier.
Aus einem Hohlweg muß er aufgetaucht sein.
Niemals werde ich wissen,
wie dieser Hohlweg von innen aussieht;
aber ich denke mir,
daß er feucht ist, schattig und feucht.

Die Schwäne auf dem Teich in der Mitte des Bildes
nehmen keine Notiz von mir.
Ich betrachte den Tempel am Abgrund,
den schwarzen Elefanten – seltsam,
ein schwarzer Elefant auf freiem Feld! –
und die Statuen, deren weiße Augen

dem Vogelfänger im Wald zusehen,
dem Fährmann, der Feuersbrunst.
Wie lautlos das alles ist!

Auf sehr entlegenen, sehr hohen Türmen
mit fremdartigen Schießscharten
seh ich die Eulen zwinkern. Ja,
dies alles sehe ich wohl,
doch worauf es ankommt, das weiß ich nicht.
Wie sollte ich es erraten,
da alles das, was ich sehe,
so deutlich ist, so notwendig
und so undurchdringlich?

Nichts ahnend, in meine Geschäfte versunken
wie in die ihrigen jene Stadt,
oder wie weit in der Ferne
jene noch viel blaueren Städte
verschwimmend in andern Erscheinungen,
andern Wolken, Heeren und Ungeheuern,
lebe ich weiter. Ich gehe fort.
Ich habe dies alles gesehen, nur
das Messer, das mir im Rücken steckt, nicht.

Anmerkungen

Landessprache. Plinius schreibt über das verlorengegangene Werk eines Atheners, in dem vom Charakter dieses Volkes die Rede ist: »Er [Parrhasius] wollte sie [seine Landsleute] so darstellen, wie sie ihm vorkamen: nämlich von gescheckter Art, reizbar, ungerecht, zum Opportunismus neigend; dabei leicht zu beeinflussen, weichherzig, gutmütig; hochtrabend, eingebildet, gemein, blindwütig, hasenfüßig – und zwar all das auf einmal und zugleich.«

Schaum: Góngoras Verse müßten auf deutsch ungefähr so lauten:

»Das Element (das Meer) schirrt Schwert- und Haifisch an,
wirbt Wale, mauert sich in Berge ein von Schaum,
schändet den Sand, die Walstatt, mit so viel Gebein,
Spur erster Raserei, daß sie erbleicht, daß selbst
die Geier schreien vor Bedauern: nicht genug
ist alles dies, die fürchterlichen Spuren reichen
nicht hin, dem Wahnsinn, der dem Wahnsinn folgt, zu wehren.«

Textnachweise

Die Auswahl der Texte wurde von Hans Magnus Enzensberger im Frühjahr 1980 getroffen. Bei den Gedichten aus *verteidigung der wölfe*, *landessprache* und *blindenschrift* änderte der Autor die durchgehende Kleinschreibung der Druckvorlagen in die normale Groß- und Kleinschreibung der vorliegenden Ausgabe.

Texte S. 3, 4, 6, 8, 9, 14, 16, 18, 20, 28, 30, 31, 32, 35, 36, 38, 40, 42, 44, 45 aus: H. M. E: Gedichte 1955–1970. Frankfurt a. M.: Suhrkamp, 1971. © Suhrkamp Verlag Frankfurt am Main 1971.
Text S. 5 aus: h. m. e.: verteidigung der wölfe. Frankfurt a. M.: Suhrkamp, 1957. © Suhrkamp Verlag Frankfurt am Main 1957.
Text S. 15 aus: h. m. e.: landessprache. Frankfurt a. M.: Suhrkamp, 1960. © Suhrkamp Verlag Frankfurt am Main 1960.
Text S. 34 aus: h. m. e.: blindenschrift. Frankfurt a. M.: Suhrkamp, 1965. © Suhrkamp Verlag Frankfurt am Main 1964.
Texte S. 47, 50, 53, 57, 61 aus: H. M. E.: Mausoleum. Siebenunddreißig Balladen aus der Geschichte des Fortschritts. Frankfurt a. M.: Suhrkamp, 1975. © Suhrkamp Verlag Frankfurt am Main 1975.
Texte S. 64, 66, 67, 68, 69 aus: H. M. E.: Der Untergang der Titanic. Eine Komödie. Frankfurt a. M.: Suhrkamp, 1978. © Suhrkamp Verlag Frankfurt am Main 1978.

Inhalt

Deutschsprachige Literatur der Gegenwart

IN RECLAMS UNIVERSAL-BIBLIOTHEK

Eine Auswahl

Aichinger, Ilse: *Dialoge. Erzählungen. Gedichte.* 7939
Andersch, Alfred: *Fahrerflucht. Ein Liebhaber des Halbschattens.* 9892
Andres, Stefan: *Die Vermummten.* 7703 [2]
Bachmann, Ingeborg: *Undine geht. Das Gebell. Ein Wildermuth.* 8008
Becker, Jürgen: *Häuser.* 9331
Benn, Gottfried: *Weinhaus Wolf. Die Stimme hinter dem Vorhang.* 8888
Bernhard, Thomas: *An der Baumgrenze.* 8334 – *Der Wetterfleck.* 9818
Bichsel, Peter: *Stockwerke.* 9719
Bieler, Manfred: *Der Hausaufsatz.* 9713
Bienek, Horst: *Die Zelle.* 9930 [2]
Bobrowski, Johannes: *Lipmanns Leib.* 9447
Böll, Heinrich: *Bilanz. Klopfzeichen.* 8846 – *Der Mann mit den Messern.* 8287
Canetti, Elias: *Komödie der Eitelkeit.* 7678 [2]
Deutsche Gedichte der sechziger Jahre. 8211 [4]
Doderer, Heimito v.: *Das letzte Abenteuer.* 7806 [2]
Domin, Hilde: *Abel steh auf.* 9955
Dorst, Tankred: *Große Schmährede an der Stadtmauer.* 7672
Eich, Günter: *Festianus, Märtyrer.* 8733
Enzensberger, Hans Magnus: *Dreiunddreißig Gedichte.* 7674
Erzählte Zeit. 50 deutsche Kurzgesch. d. Gegenwart. 9996 [6] (auch geb.)
Erzählungen seit 1960 aus der Bundesrepublik Deutschland, aus Österreich und der Schweiz. 7977 [4] (auch geb.)
Frisch, Max: *Rip van Winkle.* 8306
Fühmann, Franz: *Die Verteidigung der Reichenberger Turnhalle.* 9858
Grass, Günter: *Die bösen Köche.* 9883 [2] – *Gedichte.* 8060
Grün, Max von der: *Waldläufer und Brückensteher.* 8426
Härtling, Peter: *Der wiederholte Unfall.* 9991
Handke, Peter: *Der Rand der Wörter.* 9774
Harig, Ludwig: *Logbuch eines Luftkutschers.* 7691
Hildesheimer, Wolfgang: *Begegnung im Balkanexpreß. An den Ufern der Plotinitza.* 8529

Jandl, Ernst: *Laut und Luise.* 9823 [2] – *Sprechblasen.* 9940
Jünger, Ernst: *Capriccios.* 7796
Kaschnitz, Marie Luise: *Caterina Cornaro. Die Reise des Herrn Admet.* 8731 – *Der Tulpenmann.* 9824
Kempowski, Walter: *Fünf Kapitel für sich.* 7983
Kiwus, Karin: *39 Gedichte.* 7722
Koeppen, Wolfgang: *New York.* 8602
Konkrete Poesie. 9350 [2]
Kreuder, Ernst: *Phantom der Angst.* 8428
Krolow, Karl: *Gedichte und poetologische Texte.* 8074
Kunert, Günter: *Ein anderer K.* 9851 – *Der Hai.* 9716
Lenz, Hermann: *Durch den Krieg kommen.* 7941
Lenz, Siegfried: *Das schönste Fest der Welt. Haussuchung.* 8585 – *Stimmungen der See.* 8662
Lettau, Reinhard: *Herr Strich schreitet zum Äußersten.* 7873
Literarische Collagen. Texte, Quellen, Theorie. 7695 [4]
Lyrik für Leser. Deutsche Gedichte der siebziger Jahre. 9976 [2]
Mayröcker, Friederike: *Das Anheben der Arme bei Feuersglut.* Gedichte und Prosa. 8236
Meckel, Christoph: *Verschiedene Tätigkeiten.* 9378
Muschg, Adolf: *Besuch in der Schweiz.* 9876 – *Übersee.* 7813
Piontek, Heinz: *Die Zeit einer Frau.* 8240
Rinser, Luise: *Jan Lobel aus Warschau.* 8897
Rose, Reginald: *Die zwölf Geschworenen.* 7821
Schmidt, Arno: *Krakatau.* 9754
Schnurre, Wolfdietrich: *Ein Fall für Herrn Schmidt.* 8677
Seghers, Anna: *Fünf Erzählungen.* 9805 [2]
Späth, Gerold: *Commedia.* 8245
Strauß, Botho: *Trilogie des Wiedersehens.* 9908 [2]
Vesper, Guntram: *Landeinwärts.* 8037
Walser, Martin: *Versuch, ein Gefühl zu verstehen, und andere Versuche.* 7824 [2] – *Die Zimmerschlacht.* 7677
Weiss, Peter: *Der Turm.* 9671
Wickert, Erich: *Der Klassenaufsatz. Alkestis.* 8443
Wohmann, Gabriele: *Treibjagd.* 7912
Wolf, Christa: *Neue Lebensansichten eines Katers. Juninachmittag.* 7686
Zuckmayer, Carl: *Austreibung 1934–1939.* 7969 [2]

Philipp Reclam jun. Stuttgart

Lyrik-Anthologien
aus der deutschen Literatur

Berlin! Berlin! Eine Großstadt im Gedicht. Hrsg. von Hans-Michael Speier. 8400 [3]

Deutsche Balladen. Hrsg. von Konrad Nussbächer. 8501 [7] – auch gebunden

Deutsche Epigramme. Hrsg. von Gerhard Neumann. 8340 [4] – auch gebunden

Deutsche Gedichte. Hrsg. von Dietrich Bode. 8012 [4] – auch gebunden

Deutsche Gedichte 1930–1960. Hrsg. von Hans Bender. 7914 [5] – auch gebunden

Deutsche Gedichte der sechziger Jahre. Hrsg. von Heinz Piontek. 8211 [4]

Deutsche Gedichte des 18. Jahrhunderts. Hrsg. von Klaus Bohnen. 8422 [5] – auch gebunden

Deutsche Großstadtlyrik vom Naturalismus bis zur Gegenwart. Hrsg. von Wolfgang Rothe. 9448 [7]

Deutsche Liebeslyrik. Hrsg. von Hans Wagener. 7759 [5] – auch gebunden

Deutsche Lyrik-Parodien aus drei Jahrhunderten. Hrsg. von Theodor Verweyen und Gunther Witting. 7975 [4] – auch gebunden

Deutsche Sonette. Hrsg. von Hartmut Kircher. 9934 [6] – auch gebunden

Deutsche Unsinnspoesie. Hrsg. von Klaus Peter Dencker. 9890 [5]

Gedichte des Barock. Hrsg. von Ulrich Maché und Volker Meid. 9975 [5] – auch gebunden

Gedichte des Expressionismus. Hrsg. von Dietrich Bode. 8726 [3]

Gedichte der Romantik. Hrsg. von Wolfgang Frühwald. 8230 [5] – auch gebunden

Der Göttinger Hain. Hrsg. von Alfred Kelletat. 8789 [5]

Kalendergeschichten. Mit 47 Abbildungen. Hrsg. von Winfried Theiß. 9872 [5] – auch gebunden

»Komm, heilige Melancholie«. Eine Anthologie deutscher Melancholie-Gedichte. Hrsg. von Ludwig Völker. 7984 [7] – auch gebunden

Konkrete Poesie. Hrsg. von Eugen Gomringer. 9350 [2]

Lateinische Gedichte deutscher Humanisten. Zweispr. Ausw., Übers. und Erl. von Harry C. Schnur. 8739 [7]

Lyrik des Exils. Hrsg. von Wolfgang Emmerich und Susanne Heil. 8089 [6]

Lyrik des Jugendstils. Hrsg. von Jost Hermand. 8928

Lyrik des Naturalismus. Hrsg. von Jürgen Schutte. 7807 [3]

Lyrik für Leser. Hrsg. von Volker Hage. 9976 [2]

Meistersang. Ausw. und Einf. von Bert Nagel. 8977 [2]

Moderne deutsche Naturlyrik. Hrsg. von Edgar Marsch. 9969 [5]

Polenlieder. Hrsg. von Gerard Koziełek. 7910 [2]

Rheinreise. Gedichte und Lieder. Hrsg. von Wolf-Dietrich Gumz und Frank J. Hennecke. Einführung von Werner Ross. 8320 [5] – auch gebunden

---

Philipp Reclam jun. Stuttgart

Hans Magnus Enzensberger

Blindenschrift. Gedichte
Das Verhör von Habana
Der kurze Sommer der Anarchie. Buenaventura Durrutis Leben und Tod. Roman
Der Untergang der Titanic. Eine Komödie
Der Weg ins Freie. Fünf Lebensläufe überliefert von H. M. Enzensberger
Die Furie des Verschwindens. Gedichte
Einzelheiten. Essays
Freisprüche. Revolutionäre vor Gericht
Landessprache. Gedichte
Mausoleum. 37 Balladen aus der Geschichte des Fortschritts
Museum der modernen Poesie
Palaver. Politische Überlegungen
Politik und Verbrechen
Über Hans Magnus Enzensberger